まちごとチャイナ

Shanghai 005 Hongkou
虹口と市街北部
蘇州河以北と日本人の「足跡」

Asia City Guide Production

【白地図】上海

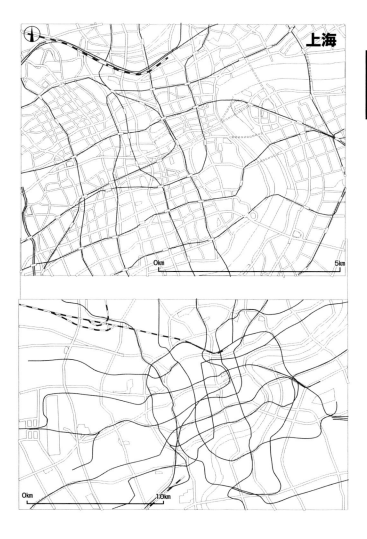
上海 Hongkou 白地図

【白地図】虹口と市街北部

CHINA
上海

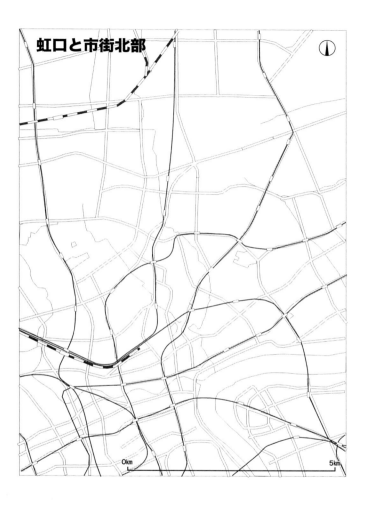

【白地図】虹口

CHINA
上海

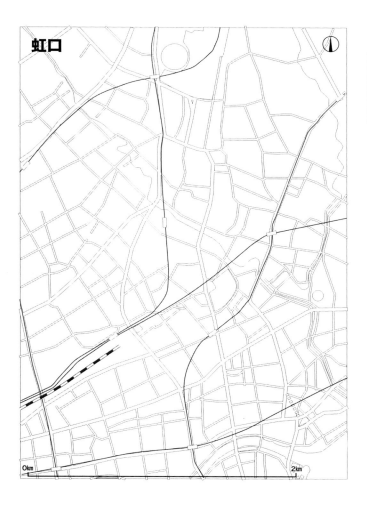

【白地図】虹口（上海大厦）

CHINA
上海

虹口
(上海大厦)

Hongkou　白地図

500m

【白地図】魯迅公園

CHINA
上海

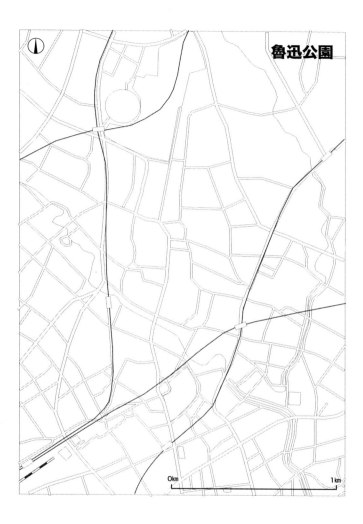

【白地図】多倫路文化名人街

CHINA
上海

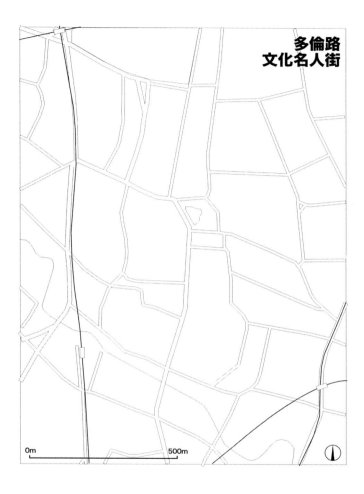

【白地図】東虹口

CHINA
上海

東虹口

Hongkou 白地図

【白地図】普陀

CHINA
上海

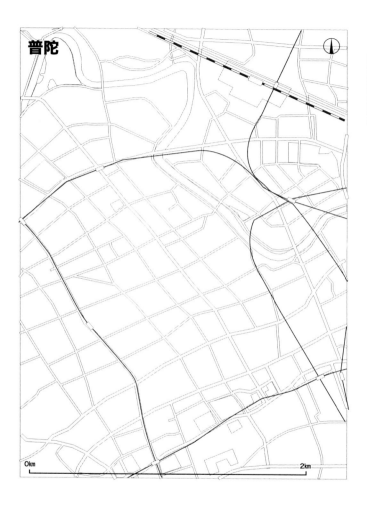
普陀 Hongkou 白地図

【白地図】閘北

CHINA
上海

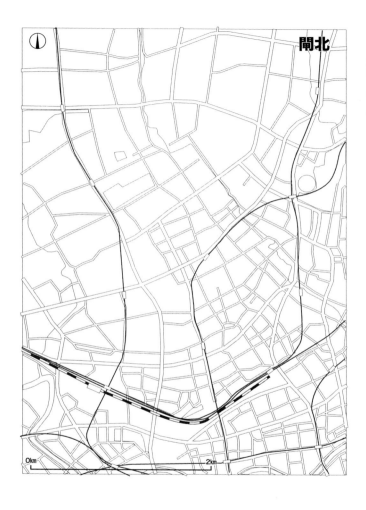

閘北 Hongkou 白地図

【白地図】楊浦

CHINA
上海

楊浦

Hongkou 白地図

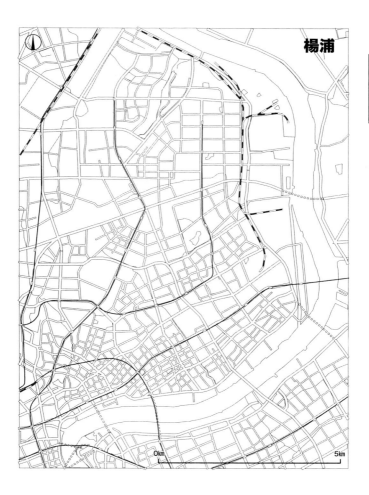

【まちごとチャイナ】
上海001 はじめての上海
上海002 浦東新区
上海003 外灘と南京東路
上海004 淮海路と市街西部

上海005 虹口と市街北部

上海006 上海郊外(龍華・七宝・松江・嘉定)
上海007 水郷地帯(朱家角・周荘・同里・甪直)

CHINA
上海

　黄浦江に合流する蘇州河以北に位置する虹口。上海中心部の華やかなイギリスやフランスの租界と違って、外白渡橋(ブリッジガーデン)を渡ると、街の雰囲気がまるで異なる世界が広がっていた。

　1870年以後、上海に進出した日本人はこの虹口に日本人街を形成し、最大10万人もの人々が暮らしていた。黄浦江沿いの客船埠頭では長崎と上海虹口を行き交う船が往来し、虹口の商店では「日本の商品ならなんでも手に入る」と言われるほどだった(かつて日本内地に対して、台湾、朝鮮、満州な

虹口 Hóng kǒu 虹口
Hong Kou

ど外地と呼ばれる世界があった）。

　こうした日本と深い関わりをもつ虹口も、21世紀を迎えるなかで、再開発が進み、高層ビルが立ちならぶようになった。一方で、戦前に日本人も暮らした里弄と呼ばれる上海独特の集合住宅が残るなど、上海に生きる庶民の暮らしぶりが今なお息づいている。

【まちごとチャイナ】

上海 005 虹口と市街北部

目次

虹口と市街北部……………………………………………………xxii

上海の周縁と日本租界 ……………………………………………xxviii

虹口城市案内………………………………………………………xxxvii

魯迅公園城市案内 ………………………………………………lii

文学と里弄の風景…………………………………………………lxix

東虹口城市案内 …………………………………………………lxxiv

普陀城市案内………………………………………………………lxxxv

閘北城市案内 ……………………………………………………xc

楊浦城市案内………………………………………………………c

日本人の上海進出…………………………………………………cvii

【MEMO】

Hongkou 虹口と市街北部

【地図】上海

【地図】上海の [★★☆]
- ☐ 外白渡橋 外白渡桥 ワイバイドゥウチャオ
- ☐ 魯迅公園 鲁迅公园 ルウシュンゴンユゥエン
- ☐ 玉佛禅寺 玉佛禅寺 ユウフウチャンスー
- ☐ 上海馬戯城 上海马戏城 シャンハイマアフウチャン

【地図】上海の [★☆☆]
- ☐ 蘇州河 苏州河 スーチョウハア
- ☐ 上海駅 上海站 シャンハイチャアン

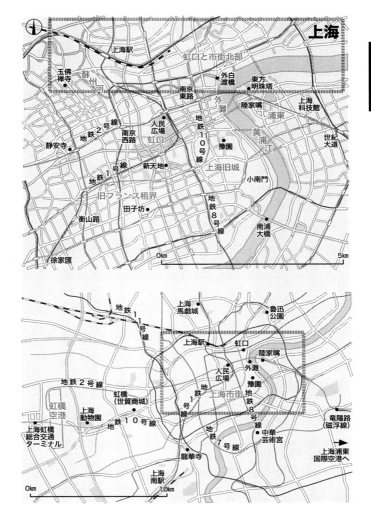

上海の岡縁と日本租界

CHINA
上海

戦前、10万人もの日本人が暮らした虹口
ここは長崎から一昼夜で到達できる
日本の外地にあたった

虹口のはじまり

運河「虹口クリーク」が黄浦江に流れこむ地点にあたる虹口は、古くは洪口といったが、ここにかかる虹橋（江南で見られる虹のようなアーチを描く橋）にちなんで清代から虹口と呼ばれるようになった。1848年、イギリス租界北側のこの地にアメリカ租界がおかれ、宣教師などが拠点を構えたことで発展がはじまった。上海中心部に対して、地価や家賃が安いことから、広東や寧波から多くの中国人が移住してきた。また19世紀末以降、日本人が虹口に集住するようになり、くわえて貧しい白系ロシア人やユダヤ難民も集まった。アメ

▲左　キリスト教会の鴻徳堂、多倫路文化名人街にて。　▲右　虹口に残る集合住宅里弄、路地を住人で共有する

リカ租界とイギリス租界をあわせて1863年、共同租界が誕生し、「日本租界」と呼ばれた虹口は正確には共同租界の一部を構成していた。

日本人街の形成

1871年に結ばれた日清修好条規以降、日本人は上海に進出するようになり、日清・日露戦争の勝利がそれを加速させた。虹口に集住した日本人は、ここで町内会を組織し、自警団や日本軍人が治安維持にあたった。虹口には日本の学校や商店、神社、本願寺、病院、畳店がならび、日本人は上海でもっと

CHINA
上海

も多い外国人となっていた。20世紀以降の人口増加によって日本人街は北へ拡大され、やがて日本人は共同租界の北限を越えて暮らすようになった。海路で長崎と上海が一昼夜ほどで結ばれていたこともあり、(長崎から東京へ行くよりもはるかに近い) 虹口は「長崎県上海市」ともたとえられた。この地に暮らした日本人は、外灘や南京東路のある蘇州河南の地を「河向こう」と呼んだという。

周縁から育まれる文化

作家魯迅 (1881 〜 1936 年) は、租界警察の目を逃れるため

▲左　蘇州河にかかる外白渡橋が 外灘と虹口をわける。　▲右　上海雑技（サーカス）が演じられる上海馬戯城

虹口で晩年を過ごした（その左翼的な思想から国民党政権ににらまれていた）。この魯迅を援助したのが日本人の内山完造で、魯迅は内山完造名義で部屋を借りたほか、虹口には多くの中国人作家、演劇人、映画人も暮らしていた。虹口は上海に対する周縁としての性格をもち、上海でもっとも早くに映画館が建てられたほか、1930年代の街並みを再現した「多倫路文化名人街」、屠殺場を改装した文化商業施設「1933老場坊」、虹口に隣接して上海雑技団の最高峰「上海馬戯城」も位置する。

【地図】虹口と市街北部

【地図】虹口と市街北部の [★★☆]
- ☐ 外白渡橋 外白渡桥ワイバイドゥウチャオ
- ☐ 魯迅公園 鲁迅公园ルウシュンゴンユゥエン
- ☐ 玉佛禅寺 玉佛禅寺ユウフウチャンスー
- ☐ 上海馬戯城 上海马戏城シャンハイマアフウチャン

【地図】虹口と市街北部の [★☆☆]
- ☐ 蘇州河 苏州河スーチョウハア
- ☐ 閘北 闸北チャアベイ
- ☐ 上海駅 上海站シャンハイチャアン
- ☐ 東虹口 东虹口ドンホンコウ
- ☐ 五角場 五角场ウージャオチャアン

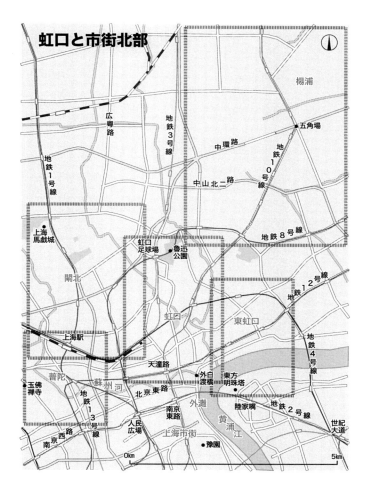

【地図】虹口

【地図】虹口の ［★★☆］
- ☐ 外白渡橋 外白渡桥ワイバイドゥチャオ
- ☐ 1933老場坊 1933老场坊 イイジィウサンサンラオチャンファン
- ☐ 四川北路 四川北路スーチャンベイルウ
- ☐ 多倫路文化名人街 多伦路文化旅游街 ドゥオルンルウウェンファアリュウヨウジエ
- ☐ 魯迅故居 鲁迅故居ルウシュングウジュウ
- ☐ 魯迅公園 鲁迅公园ルウシュンゴンユゥエン

【地図】虹口の ［★☆☆］
- ☐ 蘇州河 苏州河スーチョウハア
- ☐ 浦江飯店 浦江饭店プウジィアンファンディエン
- ☐ 上海大厦 上海大厦シャンハイダアシャア
- ☐ 内山書店旧址 内山书店旧址 ネイシャンシュウディエンジュウチイ
- ☐ 魯迅墓 鲁迅墓ルウシュンムウ
- ☐ 魯迅紀念館 鲁迅纪念馆ルウシュンジイニィエングァン

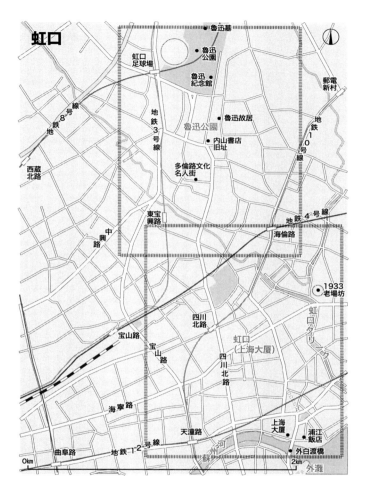

Guide, Hong Kou
虹口
城市案内

虹口クリークを使って物資は運搬された
かつて日本人街として栄えた虹口も
わずかにその名残をとどめている

蘇州河 苏州河 sū zhōu hé スーチョウハア ［★☆☆］

上海市街部を西から東に蛇行しながら流れ、黄浦江に注ぐ蘇州河（ちょうど「T」字を倒したかたちになる）。明代の1400年ごろに治水が行なわれるまで、黄浦江よりも大きな流れだったと言われ、上海の街は両者が合流する地点に開けた。蘇州河は1848年、この地に租界を構えたイギリス領事オールコックによって蘇州に通じる河と命名され、上海と内陸の蘇州や南京に通じる交通網となっていた（太湖を水源とする）。呉淞江の名前でも知られる。

【地図】虹口（上海大厦）

【地図】虹口（上海大厦）の [★★☆]
- ☐ 外白渡橋 外白渡桥ワイバイドゥチャオ
- ☐ 1933老場坊 1933老场坊 イイジィウサンサンラオチャンファン
- ☐ 四川北路 四川北路スーチャンベイルウ

【地図】虹口（上海大厦）の [★☆☆]
- ☐ 蘇州河 苏州河スーチョウハア
- ☐ 浦江飯店 浦江饭店プウジィアンファンディエン
- ☐ 上海大厦 上海大厦シャンハイダアシァア
- ☐ 上海旧郵政局 上海邮政总局 シャンハイヨウチェンツォンジュウ
- ☐ 呉淞路 吴淞路ウウソンルウ
- ☐ 三角マーケット跡 三角市场旧址 サンジャオシイチャンジュウチイ
- ☐ 乍浦路 乍浦路チャアプウルウ
- ☐ 西本願寺跡 西本愿寺旧址 シイベンユゥアンスウジュウチイ

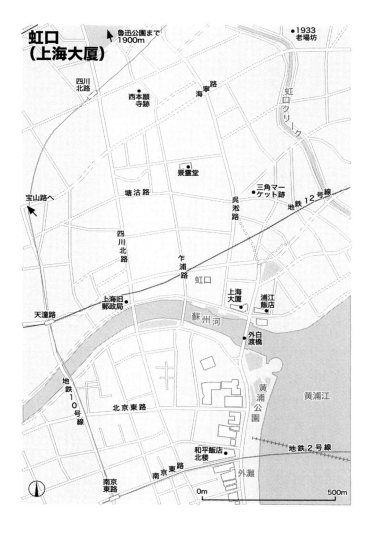

CHINA
上海

漁村と運河の上海

上海の古名を「滬瀆」と言い、滬（沪）は「魚をとる漁具」を、瀆は「運河（クリーク）」を意味する。こうした地名からも、上海の地は漁業が盛んで、無数の水路が張りめぐらされた水郷地帯の性格をもってきた。上海は宋元代には水利を利用した港町として発展し、黄浦江を行き交う無数のジャンク船の姿があった。古くこの地には黄浦江上流の「上海浦（豫園のある旧上海県城）」と下流の「下海浦（虹口東の楊樹浦）」と呼ばれる地名があり、上海の地名はこの上海浦に由来する。

▲左　蘇州河に面して領事館がならんでいた。　▲右　虹口で晩年を過ごした文豪魯迅

外白渡橋 外白渡桥 wài bái dù qiáo ワイバイドゥウチャオ［★★☆］

蘇州河にかかり、外灘と虹口を結ぶ長さ72m、幅17 mの外白渡橋。渡し場があったところに、1856年、かけられた橋を前身とする。この橋はあるイギリス人が私的にかけたため通行料をとっていたが、1873年、上海工部局によって浮き橋が整備され、通行料を無料としたので外白渡橋と呼ばれた（白とは無料のことで、「外」国人だけが「白渡」できる橋だという説もある）。1907年、上海ではじめての鉄骨製の橋となり、「ガーデン・ブリッジ」の名前で親しまれていた当時の姿を今でも伝える。中国人や日本人の暮らす東洋と、西欧

CHINA
上海

人の暮らす租界を結ぶ象徴的な橋として知られていた。

各国の進出と領事館

租界時代、日本領事館、アメリカ領事館、ロシア領事館が虹口の蘇州河北岸にならんでいた（浦江飯店の南側）。1894年の日清戦争以後、西欧列強の中国進出が進み、各国は清朝への賠償金や軍事費を貸しつけることで、中国の鉄道や鉱山の利権をおさえていった。居留民保護の任務にあたった日本の領事館は、南蘇州路から1873年に虹口に移り、以後、日本人の虹口居住が進んだ（現在の旧日本領事館の建物は、1911

年に建てられた)。

浦江飯店 浦江饭店
pǔ jiāng fàn diàn プウジィアンファンディエン [★☆☆]
上海黎明期の1860年に創業した上海初の欧風ホテル「アスターハウス」を前身とする浦江飯店。中国ではじめて電灯や電話が整備され、ダンスホールのバンド生演奏、バーのカクテルなどで話題を呼んだ。現在の建物は1912年に建てられ、アインシュタインやチャップリンも宿泊したクラシック・ホテルの代表格となっている。

CHINA
上海

上海大厦 上海大厦
shàng hǎi dà shà シャンハイダアシャア [★☆☆]

蘇州河にのぞむピラミッド型の上海大厦は、長らく上海のランドマーク「ブロードウェイ・マンション」として知られていた（ニューヨークの摩天楼で考えられた高層建築の容積や外観の影響が見られるという）。高さ78.3m、22階建ての建物は1934年に建てられ、上層階からは外灘の美しい景色を見ることができる。「上海の王」と呼ばれたサッスーン財閥の所有だったが、1939年以降、日本のものとなり、日本海軍への物資調達を行なった児玉機関、「男装の麗人」として

▲左 すっかりとさま変わりした呉淞路。 ▲右 戦前、上海のランドマークのひとつだった上海大厦

知られた川島芳子などが拠点をおいた。

上海旧郵政局 上海邮政总局 shàng hǎi yóu zhèng zǒng jú シャンハイヨウチェンツォンジュウ [★☆☆]

蘇州河に面して立つ上海旧郵政局。4階建ての植民地建築で、そびえる塔は高さ49.5mになる。重厚な石づくりとなっていて、博物館が隣接する。

呉淞路 吴淞路 wú sōng lù ウウソンルウ [★☆☆]

蘇州河から北へと伸びる呉淞路は、四川北路とともに虹口を

代表する通りとして知られる。戦前、この通り界隈に日本人が多く暮らしていて、日本の商店、映画館、バーなどが軒を連ねていた。今では再開発が進んでいる。

三角マーケット跡 三角市场旧址 sān jiǎo shì chǎng jiù zhǐ
サンジャオシイチャンジュウチイ [★☆☆]

呉淞路に面した三角形の土地には、かつて「東洋一」と謳われた三角マーケットが立っていた。1916年に開かれた公設市場をはじまりとし、3階建ての建物には野菜、魚、肉などを売る1700店舗が入居していたという（3階には遊技場も

あった)。この市場には、長崎から新鮮な野菜や魚が運ばれ、虹口で暮らす日本人の食生活を支えた。

乍浦路 乍浦路 zhà pǔ lù チャアプウルウ ［★☆☆］
上海を代表する美食街として知られる乍浦路。海鮮や小籠包などの上海料理、家庭料理を出す店などがならび、看板が道の両端から突き出している。このあたりは戦前に日本人が多く暮らし、映画館やダンスホールでにぎわう虹口を代表する繁華街でもあった。

CHINA
上海

西本願寺跡 西本愿寺旧址 xī běn yuàn sì jiù zhǐ
シイベンユゥアンスウジュウチイ [★☆☆]

日本人の虹口進出にあわせて、1906年、創建された西本願寺。この建物は1931年に完成し、築地本願寺を意識した意匠が見られる（当時、本堂のうえにインド・ブッダガヤ様式の塔があったが、現在は立っていない）。

1933 老場坊 1933 老场坊 yī jiǔ sān sān lǎo chǎng fáng
イイジィウサンサンラオチャンファン [★★☆]

現代アートのギャラリー、カフェ、デザイナーのオフィスな

▲左　カフェやギャラリーが入居する 1933 老場坊。　▲右　突き出した巨大な看板、乍浦路にて

どが集まる 1933 老場坊。1933 年に建てられた上海工部局の屠畜場跡が利用され、真んなかの二十四角形の建物を中心に橋状の通り道、階段があわさった複雑な構造を残している（牛の通り道だった）。また周囲には劇場やギャラリーなどが入居する複数の建物がならぶ。

上海映画発祥の地

中国では、1896 年にはじめて上海で映画が上映され、当初は西欧人の興行主のもと、アメリカ映画やフランス映画が上映されていた。こうしたなか海寧路と乍浦路の交差点付近に、

CHINA
上海

1908年、中国ではじめての映画館「虹口大戯院」が開館した。やがて1930年代には中国映画が黄金期を迎え、新たな女性像が演じられたり、左翼系知識人が映画にたずさわったりした。虹口に暮らした魯迅はハリウッド映画を大変好み、上海で124作のアメリカ映画を観たという（ハイヤーを飛ばして映画館に通ったと伝えられる）。

【MEMO】

**Guide,
Lu Xun Gong Yuan**

魯迅公園
城市案内

CHINA
上海

虹口は中国を代表する文豪魯迅が
その生涯の最後を過ごした場所
集合住宅里弄からは当時の面影を感じられる

四川北路 四川北路
sì chuān běi lù スーチャンベイルウ ［★★☆］

上海中心部から北に伸びる四川北路は、虹口の目抜き通りで、戦前は北四川路の名前で知られていた。1920年代から栄えるようになり、租界中心部と離れていたため、西欧人、日本人、中国人が隣りあわせて暮らしていた（この通り沿いの千愛里、永安里といった集合住宅里弄には多くの日本人が暮らしていた）。虹口を縦断する運河にかかる横浜橋は、日本の地名とは関係がない。

多倫路文化名人街 多伦路文化旅游街
duō lún lù wén huà lǚ yóu jiē
ドゥオルンルウウェンファアリュウヨウジエ ［★★☆］

1930年代の虹口の街並みや雰囲気を再現した多倫路文化名人街。石畳の通りが続き、魯迅、郭沫若、茅盾など虹口ゆかりの文学者や文化人の彫像、壁画が見られる。当時、虹口にはコーヒーを出す喫茶店があり、上海在住の左派文化人、文学者、演劇青年、画学生、日本留学から帰ってきた知識人たちが集まっていた（コーヒーは戦前の上海ではめずらしい飲みものだった。また明治維新を成功させた日本に多くの中国

【地図】魯迅公園

【地図】魯迅公園の [★★☆]

- [ ] 四川北路 四川北路スーチャンベイルウ
- [ ] 多倫路文化名人街 多伦路文化旅游街 ドゥオルンルウウェンファアリュウヨウジエ
- [ ] 魯迅故居 鲁迅故居ルウシュングウジュウ
- [ ] 魯迅公園 鲁迅公园ルウシュンゴンユゥエン
- [ ] 1933老場坊 1933老场坊 イイジィウサンサンラオチャンファン

【地図】魯迅公園の [★☆☆]

- [ ] 内山書店旧址 内山书店旧址 ネイシャンシュウディエンジュウチイ
- [ ] 魯迅墓 鲁迅墓ルウシュンムウ
- [ ] 魯迅紀念館 鲁迅纪念馆ルウシュンジイニィエングァン

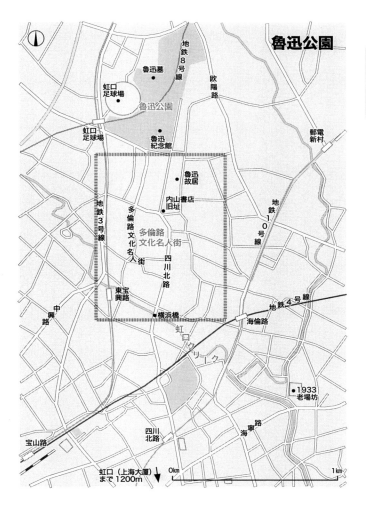

【地図】多倫路文化名人街

【地図】多倫路文化名人街の ［★★☆］
- ☐ 四川北路 四川北路スーチャンベイルウ
- ☐ 多倫路文化名人街 多伦路文化旅游街
  ドゥオルンルウウェンファアリュウヨウジエ
- ☐ 魯迅故居 鲁迅故居ルウシュングウジュウ
- ☐ 魯迅公園 鲁迅公园ルウシュンゴンユゥエン

【地図】多倫路文化名人街の ［★☆☆］
- ☐ 上海多利倫現代美術館 上海多伦现代美术馆
  シャンハイドゥオルンシィアンダイメイシュウグァン
- ☐ 鴻德堂 鸿德堂ホンダァタン
- ☐ 内山書店旧址 内山书店旧址
  ネイシャンシュウディエンジュウチイ
- ☐ 東照里 东照里ドンチャオリイ
- ☐ 旧日本陸戦隊本部 日本海军陆战队本部
  リイベンハイジュンルウチャンドゥイベンブウ

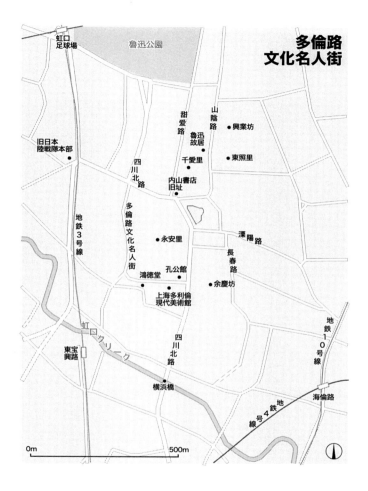

CHINA
上海

人が留学した)。通りの東側には宋靄齢の夫である孔祥熙の邸宅孔公館が残る。

上海多利倫現代美術館 上海多伦现代美术馆
shàng hǎi duō lún xiàn dài měi shù guǎn
シャンハイドゥオルンシィアンダイメイシュウグァン [★☆☆]

多倫路文化名人街の一角に立つ現代美術館。7階建ての館内では、時期ごとに展覧会が行なわれる。2003年に開館した。

▲左　中国式建築で建てられた鴻徳堂。　▲右　かつて多くの文人がこのあたりに暮らした。多倫路文化名人街

鴻徳堂 鴻徳堂 hóng dé táng ホンダァタン ［★☆☆］

鴻徳堂は1928年に建てられたキリスト教会で、外観には赤の十字架、「上帝愛世人（神は人々を愛する）」の文言が見える（建物は、石づくりの直方体に中国伝統の屋根瓦を載せる）。虹口にはカトリックやプロテスタントなどさまざまな教会があり、宋家の三姉妹が通ったメソジスト教会「景霊堂」も位置する。

内山書店旧址 内山书店旧址 **nèi shān shū diàn jiù zhǐ**
ネイシャンシュウディエンジュウチイ ［★☆☆］

四川北路の突きあたりに残る内山書店旧址は、日本人内山完造を店主とした書店跡。1913年、内山完造は目薬会社の社員として上海を訪れ、その妻みきが家の玄関で書籍を売りはじめた（その後、内山完造は書店業に専念した）。内山書店は日本の新聞記者や商社マン、学生などに好評で、やがて1929年、この地に新しい店を開き、文学、法律、宗教、科学、美術などさまざまな書籍があつかわれていた。内山完造は日本人、中国人ともにわけへだてなく接したことから、人々の

【MEMO】

CHINA
上海

信用を得、魯迅や郭沫若、田漢といった中国文人も集まるようになった（テーブルを囲んで談笑する文学サロンになっていた）。国民党に追われていた魯迅に身の危険がせまったとき、内山完造がこの書店の裏口から魯迅を逃したという逸話も伝えられ、魯迅はここでマルクス主義関連の書籍や日本の浮世絵画集を求めたという。

▲左　魯迅と内山完造の友情が伝えられる内山書店旧址。　▲右　魯迅が晩年を過ごした魯迅故居

魯迅故居 魯迅故居 lǔ xùn gù jū ルウシュングウジュウ［★★☆］

魯迅が1933年から36年に没するまで許広平と暮らした魯迅故居。レンガで組まれた3階建ての集合住宅（里弄）の一角に残る。魯迅は広州の中山大学で文学を教えていたが、国民党の弾圧などから1927年に上海に逃れてきた。魯迅の助手をしていた許広平も上海に移住し、ふたりは上海で生活をともにするようになった（ふたりの子は、上海で生まれた嬰児を意味する「海嬰」と名づけられた）。魯迅故居には魯迅の書斎、寝室が再現され、魯迅が使った家具などの調度品が見られる。

CHINA
上海

東照里 东照里 dōng zhào lǐ ドンチャオリイ ［★☆☆］
魯迅故居の向かいに残る里弄の東照里。20世紀初頭、日本人や中国人の文化人が多く暮らし、そのなかには革命家瞿秋白、日本人ジャーナリスト松本重治の姿もあった。瞿秋白は李立三、周恩来らとともに上海で革命を模索していた人物で、東照里の一角は瞿秋白故居となっている。また近くの興業坊には、戦後、李香蘭や川喜多長政が収容されていたほか、戦前、詩人の金子光晴が妻の森三千代とともに滞在した余慶坊なども残る（東アジア中で人気を博した歌手の李香蘭は25歳のとき上海で終戦を迎えた。日本に協力した中国人「漢奸」と

して死刑になるとも噂されていたが、日本人山口淑子であることが証明され、上海から日本へ帰国した)。

旧日本陸戦隊本部 日本海军陆战队本部
rì běn hǎi jūn lù zhàn duì běn bù
リイベンハイジュンルウチャンドゥイベンブウ ［★☆☆］

十字路に面して立つ4階建ての旧日本陸戦隊本部。日本人居留民の保護を名目に進出した軍隊の本部がおかれたところで、虹口の治安維持にあたった。

CHINA
上海

魯迅公園 鲁迅公园
lǔ xùn gōng yuán ルウシュンゴンユゥエン ［★★☆］

虹口に暮らす中国人の憩いの場となっている魯迅公園。1896年に租界工部局がこのあたりの農地を買いとり、1905年に公園として整備された（上海郊外に中山公園などの公園が開かれ、当初、中国人は入園できなかった）。虹口に暮らす魯迅や日本人などが朝夕の散歩に訪れたほか、戦前の日本人が祝う行事はこの公園で行なわれた。現在はとり壊されているが、公園近くには上海神社もあった。

▲左　朝からならぶ露店と商品を選ぶ人々。　▲右　魯迅公園内にある魯迅紀念館にて

魯迅墓 鲁迅墓 lǔ xùn mù ルウシュンムウ［★☆☆］

魯迅公園の一角に残る作家魯迅の墓。魯迅の銅像が立ち、墓碑には毛沢東の筆による「魯迅先生之墓」の文字が見える。魯迅は国民党政府に追われながら、北京、厦門、広州を転々とし、1936年、上海でなくなった。当初、外国人用の墓地（現在の宋慶齢陵園）に埋葬されていたが、1956年にこちらに移された。

CHINA
上海

魯迅紀念館 鲁迅纪念馆
lǔ xùn jì niàn guǎn ルウシュンジイニィエングァン[★☆☆]
魯迅の手書き原稿、文具、蔵書、調度品といった展示が見られる魯迅紀念館。魯迅は国民党を批判した左翼系作家として中華人民共和国成立後、高く評価されるようになった。この魯迅紀念館は1951年に建立され、現在の建物は1999年に再建されたもの。

文学と里弄の風景

魯迅や郭沫若といった文学者
虹口には多くの文化人が暮らし
20世紀初頭の里弄が今でも見られる

虹口に残る里弄

里弄は19世紀、急増する上海の人口にあわせて誕生した集合住宅（長屋）で、ひとつの入口と路地を住人が共有した（路地からは、植木や洗濯、バケツなど人々の生活を感じられる）。レンガを使った西欧の要素と、間取りや「虎口天窓（採光窓）」などで江南の要素があわさり、里弄の様式は時代とともに変化した。旧式の里弄は2階建てだったが、虹口では3階建ての新式里弄が見られ、虹口に暮らした日本人も里弄に暮らしていた。2010年の上海万博にあわせて多くの里弄がとり壊され、再開発が進められたが、虹口には今でも当時の里弄が

CHINA
上海

残っている。

魯迅とその文学

中国が弱体化し、西欧の影響を強く受けるようになった時代に生きた魯迅（1881～1936年）。魯迅は医師を目指して日本に留学していたが、やがて文学を志すようになった。旧来の封建社会を批判した『狂人日記』『阿Q正伝』といった作品を発表し、魯迅は中国知識人層に強い影響をあたえた。『狂人日記』では「人が自分を食べようとする」という主人公の心理を通して、封建社会の因習を批判した。また『阿Q正伝』

▲左　筆で地面に書を記していく、魯迅公園にて。　▲右　戦前に建てられた里弄、日本人も里弄に暮らしたという

では、喧嘩に負けようとも自分に都合のよい解釈をする「精神勝利法」をもつ日雇い農民の阿Qが、それに気づかないまま処刑される様子を描いた（西欧列強に侵略されていく中国を映したものだという）。

作家たちが見た上海

長崎と航路で結ばれていた上海には、多くの日本人作家が足跡を残している。代表的なのは自身の「支那趣味」から中国古典を題材にした小説を書いた芥川龍之介で、『上海游記』を記している。また『上海交友記』を記した谷崎潤一郎は、

CHINA
上海

内山書店の内山完造を通して田漢、郭沫若らの中国文人と接した（短い会話が1行に扱われる日本と、文字を原稿用紙いっぱいに詰めて書く中国の原稿料の違いについてのやりとりも見える）。そのほかにも、佐藤春夫、横光利一、武田泰淳、林京子、井上ひさしといった人々も上海を訪れている。

Guide, Dong Hong Kou
東虹口
城市案内

CHINA
上海

黄浦江沿いにならんだ倉庫や埠頭
虹口クリーク（運河）の東側には
上海へ流入してきた中国人の暮らしぶりがあった

上海港客運中心 上海港国际客运中心
shàng hǎi gǎng guó jì kè yùn zhōng xīn
シャンハイガングゥオジイカアユンチョンシン ［★☆☆］

虹口クリークが黄浦江に合流する地点に位置する上海港客運中心。このあたりの埠頭は戦前、日本郵船によって開発され、現在では上海と日本をふくむ各都市を結ぶ客船が往来している。かつては虹口クリークを通じて物資が内陸へと運搬された。

東虹口城市案内 Hongkou

日本と上海の航路

1871年の日清修好条規で日本の上海進出がはじまり、その翌年、日本領事館が開設された。1875年には三菱商会による横浜上海定期航路が開かれ、虹口碼頭は1888～90年に日本郵船によって整備された（日本と上海の航路は、西欧の会社に独占されていたが、三菱がアメリカのもっていた航路や船舶、埠頭などを手に入れた）。また上海港客運中心の東側に位置する匯山碼頭には長崎丸や上海丸といった長崎と上海を結ぶ定期航路の桟橋があった。

【地図】東虹口

【地図】東虹口の [★★☆]
- [ ] 1933 老場坊 1933 老场坊
  イイジィウサンサンラオチャンファン

【地図】東虹口の [★☆☆]
- [ ] 上海港客運中心 上海港国际客运中心
  シャンハイガングゥオジイカアユンチョンシン
- [ ] 東虹口 东虹口 ドンホンコウ
- [ ] 下海廟 下海庙 シャアハイミャオ
- [ ] 猶太難民在上海紀念館 犹太难民在上海纪念馆
  ヨウタイナンミンザイシャンハイジイニィエングァン
- [ ] 匯山碼頭 汇山码头 フイシャンマアトウ

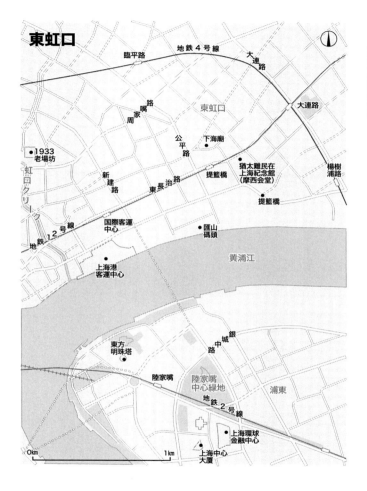

東虹口 东虹口 dōng hóng kǒu ドンホンコウ ［★☆☆］

虹口クリーク（運河）よりも東側は東虹口と呼ばれ、中国人家屋が密集し、紡績関連の工場がならんでいた。土地や物価が安かったことから、東虹口から楊樹浦にかけては19世紀以来、中国人街が形成されていた。都市名の由来となった「上海」に対する「下海」があったのもこのあたりで、下海浦にかかる提籃橋界隈がこのあたりの繁華街だった。

下海廟 下海庙 xià hǎi miào シャアハイミャオ ［★☆☆］

上海で暮らす漁師たちの信仰を集めてきた下海廟。乾隆帝時

▲左　再開発が進む東虹口、夕陽が街を染めている。　▲右　横浜橋から見た虹口クリーク

代の 18 世紀に建てられ、いくどか破壊、消失の憂き目にあったが、現在は再建され、中国の伝統建築のたたずまいを見せる。夏海廟とも呼ばれる。

猶太難民在上海紀念館 犹太难民在上海纪念馆
yóu tài nàn mín zài shàng hǎi jì niàn guǎn
ヨウタイナンミンザイシャンハイジイニィエングァン［★☆☆］

猶太難民在上海紀念館は、20世紀初頭、ナチスの迫害を逃れて上海で難民生活を送ったユダヤ人に関する博物館。租界のなかで土地の安かった虹口には多くのユダヤ人が暮らして

CHINA
上海

いた(また戦争中の1943年、日本軍はユダヤ人の居住を虹口東部へと移住、隔離している)。摩西会堂はユダヤ教の礼拝堂シナゴーグとして知られる。

上海のユダヤ人

上海のユダヤ人には、サッスーン財閥をはじめとして商人として成功をおさめた人々と、1930年代後半からナチス・ドイツの迫害を避けるためヨーロッパ各地から上海に逃れてきた人々に大別された(中国官憲の支配がおよばない上海租界は、世界で唯一ビザの必要のない街だった)。ユダヤ教のシ

▲左　毛沢東の肖像が見える、湖南料理店。　▲右　東方明珠塔の奥が虹口、長崎と上海を結ぶ船が行き交った

ナゴーグや学校がサッスーン財閥の援助で建設されるなど、上海には極東で最大のユダヤ人社会があった。戦後、ユダヤ人の多くはアメリカやイスラエル（パレスチナ）へ移住していった。

匯山碼頭 汇山码头
huì shān mǎ tóu フイシャンマアトウ [★☆☆]

1842年に上海の開港が決まってまもなく、匯山碼頭あたりにイギリスによる浮き桟橋がもうけられた（浮き橋は、水面の上昇下降に対応できた）。その後、埠頭が整備され、ここ

CHINA
上海

は長崎丸、上海丸など長崎と上海を結ぶ船が往来し、多くの日本人にとって第一歩を記す場所として知られた。日本人は、この匯山碼頭から人力車に乗って虹口の日本人居住区を目指したという。

上海の紡績工場

黄浦江に面した虹口や楊樹浦一帯には綿花をあつかう紡績工場がならんでいた（産業革命後に工業化された）。丈夫で、肌触りがよく安価な綿花は、衣食住のひとつを占めることから「白い黄金」にもたとえられるほどだった。とくに上海近

郊では農作物として品質のよい綿花が収穫され、低賃金で働く中国人労働者が多く、くわえて膨大な綿製品の買い手人口がいた。明治政府の大陸進出政策が進められるなか、1902年、三井物産上海支店は楊樹浦の紡績工場を買収し、日本の紡績関連会社も上海へ進出した。またこの時代、三井物産が豊田佐吉の動力織機に注目し、大量生産された綿製品を中国で販売したことも特筆される（それまでの手による紡績が一般的だったが、豊田佐吉は機械による紡績を発明した。上海長寧区には上海豊田紡織廠紀念館が残る）。

【MEMO】

Guide, Pu Tuo
普陀城市案内

上海を代表する玉佛禅寺
また現代アートを発信する莫干山路50号
南京西路の北側に広がる街並み

玉佛禅寺 玉佛禅寺
yù fú chán sì ユウフウチャンスー ［★★☆］

清代の1882年に建てられ、上海の仏教拠点となっている玉佛禅寺。普陀山の仏僧慧根が仏法を求めて、チベット、ミャンマーへと旅を続け、彼の地の華僑から受けとった5体の玉仏を上海に安置したことをはじまりとする（帰路、普陀山に荷物をおろすことができなかった）。1918年に現在の地で再建され、仏僧慧根ゆかりの涅槃像と坐像の2体の玉製の仏像を安置する。臨済宗のお寺のため、禅寺と呼ばれ、天王殿、大雄宝殿といった伽藍が展開する。

【地図】普陀

【地図】普陀の [★★☆]
- [ ] 玉佛禅寺 玉佛禅寺 ユウフウチャンスー
- [ ] 莫干山路50号 莫干山路50号 モオガンシャンルウウウシイハオ

【地図】普陀の [★☆☆]
- [ ] 蘇州河 苏州河 スーチョウハア
- [ ] 閘北 闸北 チャアベイ
- [ ] 上海駅 上海站 シャンハイチャアン

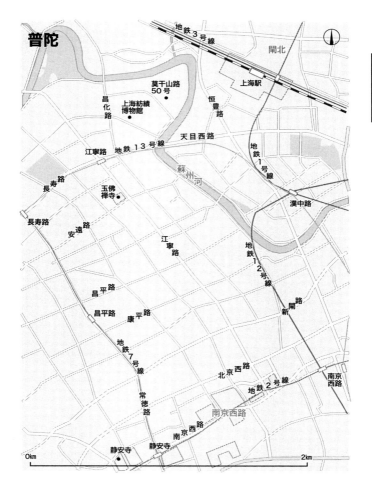

CHINA
上海

文革で破壊された仏教寺院

1960年代に起こった文化大革命（文革）では、毛沢東や四人組の指導のもと、古い思想、古い文化、古い風俗、古い習慣の打破がさけばれ、キリスト教や仏教、儒教などは迫害対象になった（20世紀前半の上海には3000人を超える仏僧がいたと言われるが、1976年には老僧が28人いるばかりだった）。文革時代、上海静安寺は工場になり、龍華寺は紅衛兵に破壊されていたが、玉仏禅寺は国家文物として保護されていたため、1979年以降、いち早く復活した。

▲左　玉佛禅寺は上海を代表する仏教寺院。　▲右　21世紀に入って現代アートが脚光をあびるようになった

莫干山路50号 莫干山路50号 mò gàn shān lù wǔ shí hào
モオガンシャンルウウウシイハオ ［★★☆］

莫干山路50号（M50）は、1930年代に建てられた紡績工場を改装して再利用した現代アートの発信地（蘇州河のほとりには、その水運を利用した倉庫や工場がならんでいた）。ギャラリー、カフェ、スタジオ、アーティストやデザイナーが入居するオフィスが集まっている。中国の現代アートは21世紀に入ってから世界的に評価されるようになり、上海ではこの莫干山路50号のほか、集合住宅里弄を改装した田子坊、屠殺場を再利用した1933老場坊などのエリアが知られる。

Guide, Zha Bei
閘北
城市案内

CHINA
上海

上海駅とその北側に広がるエリア閘北
19世紀、上海の発展とともにこの地に流入した
中国人街として知られていた

閘北 闸北 zhá běi チャアベイ [★☆☆]

閘北とは蘇州河の「水門の北」を意味し、中国人からは「ザーベイ」、虹口の日本人からは「ザホク」の名前で親しまれてきた。20世紀初頭、蘇州河の水運や上海駅に到着する鉄道を利用して流入してきた中国人が集住し、閘北の紡績工場で労働に従事する姿があった（このあたりは1932年の第一次上海事変で日本軍と中国軍が激戦を交わした場所でもあった）。蘇州河から上海駅にいたるこのあたりは海抜0m地帯で、中国人たちは近年にいたるまで下水道や洗面所もない劣悪な環境のもとで暮らしていた。

上海駅 上海站 shàng hǎi zhàn シャンハイチャアン [★☆☆]
上海と各地方都市を鉄道で結び、この街の玄関口となっている上海駅。租界と中国本土のちょうど境だったこのあたりには20世紀初頭まで発電所や倉庫が広がっていたが、1909年、現在の上海駅の前身となる上海北駅が完成した（長江に面した呉淞へ続く松滬鉄道、また南京との鉄道が往来した）。現在の上海駅は1987年に完成し、虹橋総合交通ターミナルの登場で再び、上海北駅とも呼ばれている。

【地図】閘北

【地図】閘北の [★★☆]
- ☐ 上海馬戯城 上海马戏城シャンハイマアフウチャン
- ☐ 莫干山路50号 莫干山路50号モオガンシャンルウウウシイハオ
- ☐ 魯迅公園 鲁迅公园ルウシュンゴンユゥエン
- ☐ 四川北路 四川北路スーチャンベイルウ

【地図】閘北の [★☆☆]
- ☐ 閘北 闸北チャアベイ
- ☐ 上海駅 上海站シャンハイチャアン
- ☐ 上海鉄路博物館 上海铁路博物馆シャンハイティエルウボオウグァン
- ☐ 宋教仁墓 宋教仁墓ソンジャオレンムウ
- ☐ 蘇州河 苏州河スーチョウハア

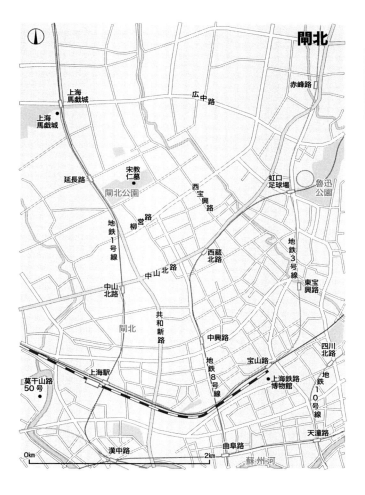

闸北城市案内 Hongkou

CHINA
上海

上海鉄路博物館 上海铁路博物馆 shàng hǎi tiě lù bó wù guǎn シャンハイティエルウボオウグァン [★☆☆]

1909年竣工の旧上海北駅を利用して開館した上海鉄路博物館。中国要人が乗車した車両、蒸気機関車、鉄道建設の資料などが展示されている。2004年に開館した。

上海から敷かれた鉄道

中国で最初の鉄道は、イギリス商人の手によって1877年に上海から長江に面した呉淞に向かって敷かれた（松滬鉄道）。当時、清朝官吏のあいだには西欧文明を積極的に受け入れる

洋務派とそうでない人たちがいた（そのため最初の鉄道は開通後に買収され、機関車は川底に沈められた）。こうしたイギリスやアメリカ主導の鉄道敷設のねらいは、中国の綿花や鉱山物などの資源を運び出し、また西欧の工業製品を中国に運ぶことにあった。清朝末期、日清戦争や義和団の乱が起こるなか、西欧列強は軍事費や賠償金を清朝に貸しつけ、鉄道、鉱山などをその担保にとり、金融的支配を強めていった。

宋教仁墓 宋教仁墓
sòng jiào rén mù ソンジャオレンムウ ［★☆☆］

宋教仁（1882～1913年）は清朝から中華民国にいたる近代中国で、孫文のもとで活動した湖南省生まれの革命家。1904年に上海から日本に亡命し、1905年、孫文を総理とする秘密結社中国同盟会に参加した（明治維新と近代化を成功させた日本には多くの中国人が留学していた）。1911年の辛亥革命後も、中国では軍閥が割拠して混乱が続くなか、宋教仁は上海で雑誌や新聞に寄稿、政党内閣を樹立しようと考えていた（1912年、憲法にあたる国民党宣言を起草している）。こ

▲左　路上では人々の営みが見られる。　▲右　音と光、歌、踊りの複合芸術が堪能できる上海馬戯城

うした宋教仁の動きは清朝の流れを組む袁世凱の憎むところとなり、1913年、北京に向かう途上の上海北駅のプラットフォームで暗殺された。宋教仁は上海の鉄道病院で死去し、やがて閘北公園に葬られた。

上海馬戯城 上海马戯城 shàng hǎi mǎ hū chéng
シャンハイマアフウチャン ［★★☆］

上海馬戯城は、金色の外観をもつ上海雑技（サーカス）専用の劇場。音と光、歌、踊り、武術などの要素をくわえた『ERA－時空之旅』が上演されている（伝統的な上海雑技が現代風

CHINA
上海

にアレンジされ、複合芸術の域に高められている)。上海雑技(サーカス)は、ここ上海馬戯城のほか、商城劇院、雲峰劇院、白玉蘭劇場などで上演されている。

上海雑技団

棒まわしや軟体少女、一輪車、球体のなかのバイクなどで世界最高峰の技術をもつという上海雑技団。中国では古くから皇帝や官吏を楽しませるための雑技(サーカス)が演じられてきたが、とくに近代上海では曲芸師が茶屋や劇場で人々を楽しませた。上海馬戯城の雑技は西欧サーカスの影響を受け、

中国伝統の雑技の技に現代的な要素（ミュージカル）がくわえられている。演技者は子どものころから1日10時間もの特訓を受けて、舞台にあがるという。

Guide, Yang Pu
楊浦城市案内

CHINA
上海

上海市街北東側に広がる楊浦
かつて上海新都心の建設が模索された場所で
現在は上海市街とひとつながりになっている

五角場 五角场 wǔ jiǎo chǎng ウージャオチャアン [★☆☆]
5つの道が放射状に伸びる五角場は、1920年代に立てられた大上海計画の起点として整備された(五叉路のすぐ北側に西欧租界に代わる都市の建設が計画された)。現在は周囲に高層ビルが林立する商業地域となっている。

Hongkou 楊浦城市案内

大上海計画

1842年に開港が決まった上海は、西欧の租界を中心にめざましい発展をとげた。1920年代、国民党の蒋介石はこうした租界に対抗すべく、租界の港湾機能などを奪う「新たな上海」を黄浦江の下流につくろうとした(虹口と楊樹浦の北側の原野に、フランスのパリを彷彿とさせる計画都市が構想された。この計画は孫文時代にも考えられていた)。この新市街は1932年に上海事変が勃発し、日本の上海進出が進むなかで消えてしまったが、五角場の街区や中国の伝統建築の上海体育学院などでその面影を感じることができる。

【地図】楊浦

【地図】楊浦の ［★★☆］
- ☐ 魯迅公園 鲁迅公园 ルウシュンゴンユゥエン

【地図】楊浦の ［★☆☆］
- ☐ 五角場 五角场 ウージャオチャアン
- ☐ 上海体育学院 上海体育学院 シャンハイティイユウシュエユウェン
- ☐ 上海国際設計中心 上海国际设计中心 シャンハイグゥオジイシェエジイチョンシン
- ☐ 復興島 复兴岛 フウシンダオ
- ☐ 猶太難民在上海紀念館 犹太难民在上海纪念馆 ヨウタイナンミンザイシャンハイジイニィエングァン

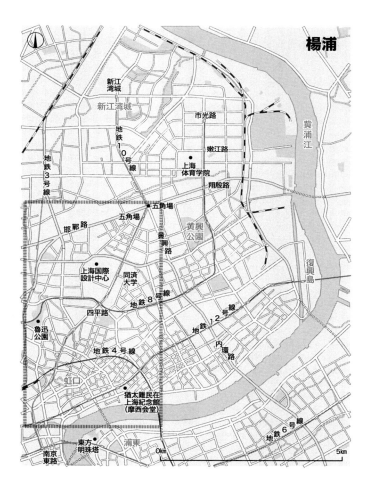

CHINA
上海

上海体育学院 上海体育学院 shàng hǎi tǐ yù xué yuàn
シャンハイティイユウシュエユゥェン ［★☆☆］

中国の伝統的な建築様式をもつ上海体育学院。1935年に建てられ、市政府、市博物館、市図書館も同様の中国様式となっていた。体育館はじめ、野球場、テニスコート、プールなどを併設する。

上海国際設計中心 上海国际设计中心 shàng hǎi guó jì shè jì zhōng xīn シャンハイグゥオジイシェエジイチョンシン［★☆☆］

同済大学のキャンパス内に位置する上海国際設計中心。この

▲左　黄浦江の流れがこの街の命運をにぎってきた。　▲右　膨大な数の人、バイク、車が行き交う

理工系大学は、1907年、ドイツ人の創立した医学堂を前身とする。壁面をガラスで覆われた建物は、オフィス、展示室をそなえ、上海のデザイン発信拠点となっている。

復興島 复兴岛 fù xīng dǎo フウシンダオ［★☆☆］

復興島はもとは陸とひとつながりだったが、黄浦江の土砂堆積対策やバイパス機能をもつ運河を開削することで島になった。1910年に完成したオランダ人技師による運河はアストリア水道と名づけられ、日本統治時代、復興島は昭和島と呼ばれていた。

日本人の上海進出

江戸時代の1858年、日米通商条約で横浜などが開港された
その15年前の1842年、隣国の清はアヘン戦争に敗れ
開港した上海には、イギリスによる租界が広がっていた

高杉晋作の見た上海

日本人と上海の関係は、1862年、江戸幕府の命で派遣された高杉晋作らにはじまる。千歳丸に乗った一行は、長崎から7日半をかけて上海にたどり着いた。高杉晋作は「上海は中国第一の繁栄する港である。欧州各国の商船・軍艦が数千艘停泊し、帆柱が林立して港を埋めんばかり。陸上では各国の商館が壁面を連ねて、まるで城閣のようである」と記している。2か月のあいだ上海に滞在し、日本にはない石づくりの建築（外灘）、西欧文明、また西欧人に使われている中国人を目のあたりにした一行の多くは帰国後、倒幕へ傾くことに

CHINA
上海

なった。日本は、西欧列強に半植民地化された清国を反面教師として明治維新を成功させたほか、日本最初の和英辞典(ヘボン著)は1867年、上海で印刷されて日本に運ばれている。

日本人上海へ

1871年、日清修好条規が締結されると、日本人が上海に進出し、とくに1894〜95年の日清戦争後にそれが加速した。伊藤博文、陸奥宗光と李鴻章のあいだで結ばれた下関条約で、日本は上海租界で治外法権をもつことになり、このとき得た莫大な賠償金で八幡製鉄所が建設された(これによって日本

Hongkou 日本人の上海進出

▲左　青空に瓦が映える、中国の伝統建築。　▲右　明治時代、日本から上海に伝わった人力車

の近代化、産業革命が進んだ）。1904 〜 05 年の日露戦争の勝利、長崎から船ですぐという距離もあって日本の上海進出は続いた。19 世紀末には数百人だった日本人も 1915 年にはイギリス人を超える数になり、1930 年には 2 万人の日本人が虹口を中心に集住した（外国人で最大規模だった）。

上海事変と日中戦争

日本の大陸政策が進むなか、上海には日本人居留民保護の名目で日本の軍隊が駐屯していた。とくに満州事変翌年の 1932 年の第一次上海事変、盧溝橋事件が起こった 1937 年の

CHINA
上海

第二次上海事変と戦火は上海に飛び火した(日本軍と中国軍が上海で軍事衝突した)。1937年の第二次上海事変では、日本軍の別部隊が上海南部の杭州湾に上陸し、そのまま戦線は南京など内陸部へ広がっていった(日中戦争)。このとき日本人が暮らす上海虹口では、「日軍百万杭州湾上陸」のアドバルーンがあがったという。戦前の上海には最大で10万人の日本人が暮らしていたが、この水準は2010年の常駐と短期旅行者をふくめた日本人滞在者の数と同じ規模とされる。

Hongkou

日本人の上海進出

参考文献

『上海共同租界』(NHK"ドキュメント昭和"取材班 / 角川書店)

『上海歴史ガイドマップ』(木之内誠 / 大修館書店)

『上海に生きた日本人』(陳祖恩 / 大修館書店)

『上海虹口地区の旧日本人街における空間構成と居住形態』(笹井夕莉・陳雲蓮・大場修 / 学術講演梗概集)

『虹口史』(金久実央 / グローカル)

『蘇州河に生きる』(人民中国)

『魯迅』(片山智行 / 中央公論社)

『そんへえ・おおへえ』(内山完造 / 岩波書店)

『世界大百科事典』(平凡社)

[PDF] 上海地下鉄路線図 http://machigotopub.com/pdf/shanghaimetro.pdf

[PDF] 上海浦東国際空港案内 http://machigotopub.com/pdf/shanghaiairport.pdf

[PDF] 上海虹橋国際空港案内 http://machigotopub.com/pdf/shanghaihongqiaoairport.pdf

[PDF] 上海地下鉄歩き http://machigotopub.com/pdf/metrowalkshanghai.pdf

まちごとパブリッシングの旅行ガイド
Machigoto INDIA , Machigoto ASIA , Machigoto CHINA

【北インド - まちごとインド】

001 はじめての北インド
002 はじめてのデリー
003 オールド・デリー
004 ニュー・デリー
005 南デリー
012 アーグラ
013 ファテープル・シークリー
014 バラナシ
015 サールナート
022 カージュラホ
032 アムリトサル

【西インド - まちごとインド】

001 はじめてのラジャスタン
002 ジャイプル
003 ジョードプル
004 ジャイサルメール
005 ウダイプル
006 アジメール(プシュカル)
007 ビカネール
008 シェカワティ
011 はじめてのマハラシュトラ
012 ムンバイ
013 プネー
014 アウランガバード
015 エローラ
016 アジャンタ
021 はじめてのグジャラート
022 アーメダバード
023 ヴァドダラー(チャンパネール)
024 ブジ(カッチ地方)

【東インド - まちごとインド】

002 コルカタ
012 ブッダガヤ

【南インド - まちごとインド】

001 はじめてのタミルナードゥ
002 チェンナイ
003 カーンチプラム
004 マハーバリプラム
005 タンジャヴール
006 クンバコナムとカーヴェリー・デルタ
007 ティルチラパッリ
008 マドゥライ
009 ラーメシュワラム
010 カニャークマリ
021 はじめてのケーララ
022 ティルヴァナンタプラム
023 バックウォーター(コッラム〜アラップーザ)
024 コーチ(コーチン)
025 トリシュール

【ネパール - まちごとアジア】

001 はじめてのカトマンズ
002 カトマンズ
003 スワヤンブナート

004 パタン
005 バクタプル
006 ポカラ
007 ルンビニ
008 チトワン国立公園

【バングラデシュ - まちごとアジア】

001 はじめてのバングラデシュ
002 ダッカ
003 バゲルハット（クルナ）
004 シュンドルボン
005 プティア
006 モハスタン（ボグラ）
007 パハルプール

【パキスタン - まちごとアジア】

002 フンザ
003 ギルギット（KKH）
004 ラホール
005 ハラッパ
006 ムルタン

【イラン - まちごとアジア】

001 はじめてのイラン
002 テヘラン
003 イスファハン
004 シーラーズ
005 ペルセポリス
006 パサルガダエ（ナグシェ・ロスタム）
007 ヤズド
008 チョガ・ザンビル（アフヴァーズ）
009 タブリーズ

010 アルダビール

【北京 - まちごとチャイナ】

001 はじめての北京
002 故宮（天安門広場）
003 胡同と旧皇城
004 天壇と旧崇文区
005 瑠璃廠と旧宣武区
006 王府井と市街東部
007 北京動物園と市街西部
008 頤和園と西山
009 盧溝橋と周口店
010 万里の長城と明十三陵

【天津 - まちごとチャイナ】

001 はじめての天津
002 天津市街
003 浜海新区と市街南部
004 薊県と清東陵

【上海 - まちごとチャイナ】

001 はじめての上海
002 浦東新区
003 外灘と南京東路
004 淮海路と市街西部
005 虹口と市街北部
006 上海郊外（龍華・七宝・松江・嘉定）
007 水郷地帯（朱家角・周荘・同里・甪直）

【河北省 - まちごとチャイナ】

001 はじめての河北省
002 石家荘
003 秦皇島
004 承徳
005 張家口
006 保定
007 邯鄲

【江蘇省 - まちごとチャイナ】

001 はじめての江蘇省
002 はじめての蘇州
003 蘇州旧城
004 蘇州郊外と開発区
005 無錫
006 揚州
007 鎮江
008 はじめての南京
009 南京旧城
010 南京紫金山と下関
011 雨花台と南京郊外・開発区
012 徐州

【浙江省 - まちごとチャイナ】

001 はじめての浙江省
002 はじめての杭州
003 西湖と山林杭州
004 杭州旧城と開発区
005 紹興
006 はじめての寧波
007 寧波旧城
008 寧波郊外と開発区
009 普陀山
010 天台山
011 温州

【福建省 - まちごとチャイナ】

001 はじめての福建省
002 はじめての福州
003 福州旧城
004 福州郊外と開発区
005 武夷山
006 泉州
007 廈門
008 客家土楼

【広東省 - まちごとチャイナ】

001 はじめての広東省
002 はじめての広州
003 広州古城
004 天河と広州郊外
005 深圳(深セン)
006 東莞
007 開平(江門)
008 韶関
009 はじめての潮汕
010 潮州
011 汕頭

【遼寧省 - まちごとチャイナ】

001 はじめての遼寧省
002 はじめての大連
003 大連市街
004 旅順
005 金州新区

006 はじめての瀋陽
007 瀋陽故宮と旧市街
008 瀋陽駅と市街地
009 北陵と瀋陽郊外
010 撫順

【重慶 - まちごとチャイナ】

001 はじめての重慶
002 重慶市街
003 三峡下り（重慶～宜昌）
004 大足

【香港 - まちごとチャイナ】

001 はじめての香港
002 中環と香港島北岸
003 上環と香港島南岸
004 尖沙咀と九龍市街
005 九龍城と九龍郊外
006 新界
007 ランタオ島と島嶼部

【マカオ - まちごとチャイナ】

001 はじめてのマカオ
002 セナド広場とマカオ中心部
003 媽閣廟とマカオ半島南部
004 東望洋山とマカオ半島北部
005 新口岸とタイパ・コロアン

【Juo-Mujin（電子書籍のみ）】

Juo-Mujin 香港縦横無尽
Juo-Mujin 北京縦横無尽
Juo-Mujin 上海縦横無尽

【自力旅游中国 Tabisuru CHINA】

001 バスに揺られて「自力で長城」
002 バスに揺られて「自力で石家荘」
003 バスに揺られて「自力で承徳」
004 船に揺られて「自力で普陀山」
005 バスに揺られて「自力で天台山」
006 バスに揺られて「自力で秦皇島」
007 バスに揺られて「自力で張家口」
008 バスに揺られて「自力で邯鄲」
009 バスに揺られて「自力で保定」
010 バスに揺られて「自力で清東陵」
011 バスに揺られて「自力で潮州」
012 バスに揺られて「自力で汕頭」
013 バスに揺られて「自力で温州」

【車輪はつばさ】
南インドのアイラヴァテシュワラ寺院には建築本体に車輪がついていて寺院に乗った神さまが人びとの想いを運ぶと言います。

- 本書はオンデマンド印刷で作成されています。
- 本書の内容に関するご意見、お問い合わせは、発行元の
  まちごとパブリッシング info@machigotopub.com までお願いします。

まちごとチャイナ
上海005虹口と市街北部
〜蘇州河以北と日本人の「足跡」［モノクロノートブック版］

2017年11月14日　発行

著　者	「アジア城市（まち）案内」制作委員会
発行者	赤松　耕次
発行所	まちごとパブリッシング株式会社 〒181-0013　東京都三鷹市下連雀4-4-36 URL　http://www.machigotopub.com/
発売元	株式会社デジタルパブリッシングサービス 〒162-0812　東京都新宿区西五軒町11-13 清水ビル3F
印刷・製本	株式会社デジタルパブリッシングサービス URL　http://www.d-pub.co.jp/

MP091

ISBN978-4-86143-225-5　C0326　　　　Printed in Japan
本書の無断複製複写（コピー）は、著作権法上での例外を除き、禁じられています。